# RÉGLEMENT

ou

# ALPHABET FRANÇOIS

POUR

## LES ENFANS QUI FRÉQUENTENT

LES

## ÉCOLES CHRÉTIENNES,

AUGMENTÉ

### DES PRINCIPAUX DEVOIRS

D'UN CHRÉTIEN.

A CHALON-SUR-SAONE,

CHEZ DEJUSSIEU, IMPRIMEUR-LIBRAIRE,
RUE DES MARCHANDS.

# ALPHABET.

abcdefgh ijklmnopqr ſstuvxyz.

### LETTRES DOUBLES.
æ œ fi ffi fl ffl.

### LETTRES CAPITALES.
A B C D E F G H I J K
L M N O P Q R S T U
V X Y Z Æ OE W.

### VOYELLES.
a e i o u et y.

| Ba | be | bi | bo | bu |
| Ca | ce | ci | co | cu |
| Da | de | di | do | du |
| Fa | fe | fi | fo | fu |
| Ga | ge | gi | go | gu |
| La | le | li | lo | lu |
| Ma | me | mi | mo | mu |
| Na | ne | ni | no | nu |
| Pa | pe | pi | po | pu |
| Qua | que | qui | quo | quu |
| Ra | re | ri | ro | ru |
| Sa | se | si | so | su |
| Ta | te | ti | to | tu |
| Va | ve | vi | vo | vu |
| Xa | xe | xi | xo | xu |

| Za | ze | zi | zo | zu |
| Ab | eb | ib | ob | ub |
| Ac | ec | ic | oc | uc |
| Ad | ed | id | od | ud |
| Af | ef | if | of | uf |
| Ag | eg | ig | og | ug |
| Al | el | il | ol | ul |
| Abs | ebs | ibs | obs | ubs |
| Als | els | ils | ols | uls |
| Ams | ems | ims | oms | ums |
| Bab | beb | bib | bob | bub |
| Dad | ded | did | dod | dud |
| Lal | lel | lil | lol | lul |
| Pap | pep | pip | pop | pup |
| Rar | rer | rir | ror | rur |

Sas ses sis sos sus
Vas ves vis vos vus
Pa pa. ma man. na nan.
da da. tou tou. jou jou.
gâ teau. jar din. rai sin.
a bri cot. ba lan ce. con-
fi an ce. brû lu re. con-
fi tu re. noi set te. ros-
si gnol. ré glis se. ri di-
cu le. ar ti fi ce. bé né-
fi ce. hu mi li té. do-
ci li té. hon nê te té.
bien veil lan ce. ex-
tra va gan ce. il lu-
mi na ti on.

## PREMIÈREMENT.

Re-tour-nez de l'é-co-le à la mai-son sans vous ar-rê-ter par les ru-es, mo-des-te-ment, c'est-à-di-re, sans cri-er ni of-fen-ser per-son-ne. Au con-trai-re, si l'on vous in-ju-rie et of-fen-se, en-du-rez-le pour l'a-mour de no-tre Sei-gneur, et di-tes en vous-mê-me : Di-eu vous don-ne la grâ-ce de vous re-pen-tir de vo-tre fau-te, et vous par-don-ne com-me je vous par-don-ne.

2. Gar-dez-vous bi-en de ju-rer, de blas-phé-mer, ni de

di-re des pa-ro-les sa-les et vi-lai-nes, ni de fai-re au-cu-ne ac-ti-on dés-hon-nê-te.

3. Quand vous pas-sez de-vant quel-que croix, ou quel-que I-ma-ge de No-tre Sei-gneur, de No-tre Da-me, ou des Saints, fai-tes u-ne in-cli-na-ti-on, le-vant le cha-peau, ou au-tre-ment.

4. Quand vous ren-con-tre-rez quel-que per-son-ne de vo-tre con-nois-san-ce, sa-lu-ez-la le pre-mi-er, par ce que c'est u-ne ac-ti-on d'hon-nê-te-té.

5. Sa-lu-ez les per-son-nes

que vous ren-con-tre-rez, se-lon la cou-tu-me du li-eu, et se-lon l'ins-truc-ti-on qu'on vous au-ra don-né-e.

6. Quand vous en-tre-rez chez vous ou en quel-qu'au-tre mai-son, fai-tes u-ne in-cli-na-ti-on, sa-lu-ant ceux que vous y trou-ve-rez.

7. Quand vous com-men-ce-rez quel-que ou-vra-ge, ou quel-que bon-ne ac-ti-on, fai-tes dé-vo-te-ment le si-gne de la sain-te croix, a-vec in-ten-ti-on de fai-re, au nom de Di-eu et pour sa gloi-re, ce que vous al-lez fai-re.

8. Quand vous par-lez a-vec des per-son-nes res-pec-ta-bles, ré-pon-dez hon-nê-te-ment, a-vec po-li-tes-se : oui Mon-si-eur, ou Ma-da-me : non Mon-si-eur, etc. se-lon qu'on vous in-ter-ro-ge-ra.

9. Si ceux qui ont pou-voir sur vous, vous com-man-dent quel-que cho-se qui soit hon-nê-te, et que vous puis-si-ez fai-re, o-bé-is-sez-leur vo-lon-ti-ers et promp-te-ment.

10. Si l'on vous com-man-doit de di-re quel-ques pa-ro-les, ou de fai-re quel-que

ac-tion mau-vai-se, ré-pon-dez que vous ne le pou-vez point fai-re, d'au-tant que ce-la dé-plaît à Di-eu.

11. Quand vous vou-drez dî-ner ou sou-per, la-vez-vous pre-mi-è-re-ment les mains; puis di-tes le BE-NE-DI-CI-TE ou au-tre Bé-né-dic-ti-on, a-vec pi-é-té et mo-des-tie.

12. Lors-que vous vou-drez boi-re, pro-non-cez tout bas le saint nom de JÉ-SUS.

13. Tou-tes les fois que vous nom-me-rez, ou en-ten-drez nom-mer JÉ-SUS ou MA-

RIE, vous fe-rez u-ne pe-ti-te in-cli-na-ti-on.

14. Gar-dez-vous bi-en, à ta-ble ou ail-leurs, de de-man-der, de pren-dre et de sous-trai-re en ca-chet-te, ou au-tre-ment, ce qu'on au-ra don-né à man-ger aux au-tres, et mê-me vous ne le de-vez pas re-gar-der a-vec en-vie.

15. Quand on vous don-ne-ra quel-que cho-se, re-mer-ci-ez hon-nê-te-ment ce-lui ou cel-le qui vous l'au-ra don-né.

16. Ne vous as-se-y-ez

point à ta-ble, si l'on ne vous le com-man-de.

17. Man-gez et bu-vez dou-ce-ment et hon-nê-te-ment, sans a-vi-di-té et sans ex-cès.

18. A la fin de cha-que re-pas, di-tes dé-vo-te-ment les grâ-ces, et a-près la-vez-vous en-co-re les mains.

19. Ne sor-tez point de la mai-son sans de-man-der et sans ob-te-nir con-gé.

20. N'al-lez point avec les en-fans vi-ci-eux et mé-chans, car ils vous peu-vent nui-re pour le corps et pour l'â-me.

21. Quand vous a-vez em-prun-té quel-que cho-se, ren-dez-le de bon-ne-heu-re, et n'at-ten-dez pas qu'on vous le de-man-de.

22. Lors-que vous au-rez à-par-ler à quel-que per-son-ne res-pec-ta-ble qui se-ra oc-cu-pée, pré-sen-tez vous mo-des-te-ment, atten dant qu'el-le ait loi-sir de vous par-ler, et qu'el-le vous de-man-de ce que vous lui vou-lez.

23. Si quel-qu'un vous re-prend, ou vous don-ne quel-que a-ver-tis-se-ment, re-mer-ci ez-le po-li-ment.

24. Ne tu-toy-ez per-sonne, non pas mê-me les ser-vi-teurs et ser-van-tes, ni les pau-vres aus-si.

25. Al-lez au de-vant de ceux qui en-trent chez vous, soit do-mes ti-ques, soit é-tran-gers, pour les sa-lu-er, et les re-ce-voir.

26. Si quel-qu'un de ceux de la mai-son, ou au-tre, dit ou fait quel-que cho-se de dés-hon-nê-te, ou in-di-gne d'un chré-ti-en, en vo-tre pré-sen-ce, re-pre-nez-le a-vec dou-ceur.

27. Quand les pau-vres

de-man-dent à vot-re por-te, pri-ez vo-tre pè-re ou vo-tre mè-re, ou ceux chez qui vous de-meu-rez, de leur fai-re l'au-mô-ne pour l'a-mour de Di-eu.

28. Le soir a-vant que de vous al-ler cou-cher, a-près a-voir sou-hai-té le bon-soir à vos pè-re et mè-re, ou au-tres, met-tez-vous à ge-noux au-près de vo-tre lit, ou de vant quel-qu'I-ma-ge, et di-tes les pri-è-res mar-quées dans les de-voirs des fa-mil-les chré-tien-nes. A-près, pre-nez de l'eau bé-ni-te et fai-tes

le si-gne de la sain-te Croix.

29. Le ma-tin en vous le-vant, fai-tes le si-gne de la sain-te Croix, et é-tant ha-bil-lé, met-tez-vous à ge-noux et di-tes les pri-è-res mar-quées en la pa-ge sus-di-te. A-près, al-lez don-ner le bon-jour à vos pè-re et mè-re, et au-tres de la mai-son.

30. Tous les jours, si vous le pou-vez, en-ten-dez la sain-te Mes-se dé-vo-te-ment, et à ge-noux; et le-vez-vous quand le Prê-tre dit l'E-van-gi-le.

31. Quand vous en-ten-

drez son-ner l'A-ve Ma-ri-a, ré-ci-tez dé-vo-te-ment l'An-ge-lus.

32. Soy-ez tou-jours prêt à al-ler vo-lon-ti-ers à l'é-co-le, et ap-pre-nez soi-gneu-se-ment les cho-ses que vos maî-tres vous en-sei-gnent ; soy-ez-leur bien o-bé-is-sant et res-pec-tu-eux.

33. Gar-dez-vous bi-en de men-tir en quel-que ma ni-è-re que ce soit : car les men-teurs sont les en-fans du dé-mon, qui est le pè-re du men-son-ge.

34. Sur-tout gar-dez-vous de dé-ro-ber au-cu-ne cho-se,

ni chez vous, ni ail-leurs; par-ce que c'est of-fen-ser Di-eu; c'est se ren-dre o-di-eux à cha-cun, et pren-dre le che-min d'u-ne mort in-fa-me.

35. Pré-sen-tez-vous vo-lon-ti-ers et sou-vent à la con-fes-si-on et à la com-mu-ni-on, y é-tant bien pré-pa-ré, a-fin que vous de-ve-ni-ez à tou-te heu-re plus dé-vot et plus sa-ge, fuy-ant le pé-ché, et ac-qué-rant les ver-tus.

36. En-fin tous vos prin-ci-paux soins et dé-sirs, tan-dis que vous vi-vez en ce mon-de, doi-vent vi-ser à

vous ren-dre a-gré-a-ble à Di-eu, et à ne le point of-fen-ser, a-fin qu'a-près cet-te vie mor-tel-le vous puis-si-ez é-vi-ter l'en-fer et pos-sé-der la gloi-re du pa-ra-dis. Ain-si soit-il.

---

*Les Bénédictions que Dieu donne aux enfans qui sont pieux et respec-tueux envers leurs pères et mères.*

Honore ton père et ta mère, afin que tu vives long-temps sur la terre. Cette pre-mière bénédiction donne l'espérance d'une longue et heureuse vie.

Celui qui honore son père

et sa mère, sera joyeux et content en ses enfans, et sera exaucé au temps de son oraison.

Cette bénédiction promet l'allégresse et le contentement que l'on reçoit des enfans de qui nous avons l'exemple en Joseph, fils de Jacob, qui pour avoir été obéissant à son père, et pour l'honneur qu'il lui avoit rendu, reçut des joies et des contentemens très-grands de ses propres enfans, lesquels furent aussi bénis de Jacob leur grand-père, en la présence de Joseph leur père,

Celui qui honore son père et sa mère, s'amasse un trésor au ciel et en la terre.

Cette bénédiction regarde les biens spirituels et temporels que dieu donne aux bons enfans, de quoi Salomon nous servira d'exemple, lequel porta toujours beaucoup d'honneur à son père et à sa mère : c'est pourquoi il vécut très-heureux et très-riche, sur un trône florissant; comme Absalon son frère, pour avoir désobéi et maltraité son père, fut percé de trois dards, et tué par Joab, général de l'armée de David. celui qui honore son père et sa mère, sera rempli de grâces célestes jusqu'à la fin. Cette bénédiction concerne les biens spirituels, de laquelle nous avons un merveilleux exemple en Jacob, fils d'Isaac, qui ayant été béni de son père, fut élu de Dieu et très-agréable à sa divine Majesté, et rempli de toutes sortes de grâces. Au contraire, son frère Esaü fut malheureux et réprouvé. Honore ton père afin que la bénédiction du ciel descende sur toi, et que tu sois béni. Dieu donne particulièrement cette bénédiction aux enfans obéissans. Mais qu'est-ce autre chose être béni de Dieu, sinon recevoir de lui sa sainte grâce, par le moyen de laquelle nous lui agréons comme ses enfans.

---

*Malédictions que Dieu fulmine sur les enfans qui ne portent ni honneur ni obéissance à leurs pères et mères.*

QUE celui qui maudira son père ou sa mère meure de mauvaise mort, et que son sang soit sur lui : cette malédiction est confirmée par la bouche de Dieu.

Auquel lieu Dieu commande que, si quelque père est si malheureux que d'engendrer un fils désobéissant, rebelle et pervers, tout le peuple de la ville massacre à coups de pierres ce méchant enfant, et le fasse mourir. A ces paroles, maudit soit celui qui n'honore pas son père et sa mère, le peuple répondit : Amen.

† *Au nom du Père, et du Fils, et du Saint-Esprit. Ainsi soit-il.*

## L'ORAISON DOMINICALE.

Notre père, qui êtes dans les Cieux, que votre nom soit sanctifié; que votre règne arrive; que votre volonté soit faite en la Terre comme au Ciel. Donnez-nous aujourd'hui notre pain de chaque jour; et pardonnez-nous nos offenses comme nous pardonnons à ceux qui nous ont offensés; et ne nous laissez point succomber en la tentation; mais délivrez-nous du mal. Ainsi soit-il.

## LA SALUTATION ANGÉLIQUE.

Je vous salue, Marie, pleine

de grâce, le seigneur est avec vous ; vous êtes bénie entre toutes les femmes, et Jésus, le fruit de vos entrailles, est béni.

Sainte Marie, mère de Dieu, priez pour nous, pauvres pécheurs, maintenant et à l'heure de notre mort. Ainsi soit-il.

LA PROFESSION DE FOI.

Je crois en Dieu, le père tout-puissant, Créateur du Ciel et de la Terre ; et en Jésus-Christ son fils unique, Notre-Seigneur, qui a été conçu du Saint-Esprit, est né de la Vierge Marie : a souffert sous Ponce-Pilate, a été crucifié : est mort et a été enseveli : est descendu aux Enfers, le troisième jour est ressuscité des morts : est monté aux Cieux, est assis à la droite de Dieu le Père tout-puissant, d'où il viendra juger les vivans et les morts.

Je crois au Saint-Esprit; la sainte Eglise catholique; la communion des Saints; la rémission des péchés; la résurrection de la chair; la vie éternelle. Ainsi soit-il.

## LA CONFESSION DES PÉCHÉS.

Je confesse à Dieu tout puissant, à la bienheureuse Marie, toujours vierge, à Saint Michel Archange, à Saint Jean-Baptiste, aux Apôtres Saint Pierre et Saint Paul, à tous les Saints, et à vous, mon père, que j'ai beaucoup péché par pensées, par paroles, par actions et par omissions; c'est ma faute, c'est ma faute, ma très-grande faute. C'est pourquoi je supplie la bienheureuse MARIE, toujours Vierge, Saint Michel Archange, Saint Jean-Baptiste, les Apôtres Saint Pierre et Saint Paul, tous les Saints, et vous, mon père, de prier pour moi le Seigneur notre DIEU.

Que DIEU tout-puissant nous fasse miséricorde; et que nous ayant pardonné nos péchés, il nous conduise à la vie éternelle. Ainsi soit-il.

# PRIÈRE DE SAINT BERNARD
## A LA TRÈS-SAINTE VIERGE.

SOUVENEZ-VOUS, ô très-pieuse vierge Marie ! qu'on n'a jamais ouï dire qu'aucun ait été délaissé de tous ceux qui ont eu recours à votre protection, imploré votre secours et demandé vos suffrages. Animé de cette confiance, ô Vierge, Mère des Vierges ! je cours et je viens à vous; et gémissant sous le poids de mes péchés, je me prosterne à vos pieds. O Mère de Jésus mon Sauveur ! ne méprisez pas mes prières, mais écoutez-les favorablement, et faites que Dieu m'exauce et me pardonne mes fautes par votre intercession. Ainsi soit-il.

## AUTRE PRIÈRE A LA SAINTE VIERGE.

BÉNIE soit la très-pure, très-sainte et très-immaculée Conception de la glorieuse Vierge Marie, Mère de Dieu, à jamais !

# ABRÉGÉ DES PRINCIPAUX DEVOIRS D'UN CHRÉTIEN.

*Devoirs envers Dieu, les Saints et les Choses Saintes.*

1. Tout chrétien doit adorer Dieu, et n'adorer que lui, c'est-à-dire, le reconnoître seul pour son Créateur, son souverain et sa dernière fin.

2. Il doit croire, sans hésiter, tout ce que Dieu a révélé à son Eglise.

3. Il doit espérer en lui, et ne se jamais défier de sa providence ni de sa miséricorde.

4. Il doit l'aimer de tout son cœur, et le préférer à toutes choses.

5. Il le doit prier avec respect matin et soir.

6. Il doit lui être fidèle au péril même de sa vie.

7. Il doit plus craindre de l'offenser que tous les maux les plus terribles.

8. S'il l'a offensé, il doit en avoir un

très-grand regret, et marquer sa douleur par une véritable pénitence.

9. Il doit rendre les mêmes devoirs à Jésus-Christ parce qu'il est Dieu.

10. Il doit les mêmes choses au Saint-Sacrement, parce que Jésus-Christ y est réellement contenu.

11. Il doit honorer la Sainte-Vierge au-dessus de tous les Saints, parce qu'elle est la Mère de Dieu.

12. Il doit respect, obéissance et invocation à son Ange, et à son Saint Patron; et, après eux, il doit respecter tous les Saints.

13. Il doit révérer les images de Jésus-Christ et des Saints, non pas à cause du papier, du bois ou de la pierre dont elles sont faites, mais à cause de ce qu'elles représentent : par exemple, dans un Crucifix on n'adore pas le bois ni le papier, mais J-C. qui y est représenté.

14. Il doit aussi révérer les reliques

des Saints, par le rapport qu'elles ont à ceux dont elles sont les restes.

15. Enfin il doit honorer tout ce qui a rapport à Dieu, comme sa parole, son nom, les personnes qui lui sont consacrées, les Eglises qui lui sont dédiées, les cérémonies qui sont instituées à son honneur, etc.

*Devoirs envers le prochain.*

1. Tout Chrétien doit aimer son prochain comme soi-même.

2. Il ne doit jamais faire aucun mal, aucun tort à son bien ni à son honneur; au contraire, il doit lui faire tout le bien, et lui rendre tous les services possibles.

3. Il ne doit jamais écouter les médisans.

4. Il ne doit jamais faire de jugemens téméraires, ni avoir d'envie contre personne.

5. Il ne doit jamais contribuer ni consentir à aucune injustice ni méchanceté.

6. Il doit l'assister dans ses nécessités jusqu'à s'incommoder soi-même.

7. Il doit supporter avec patience et douceur ses défauts et ses infirmités de corps et d'esprit.

8. Il doit lui pardonner très-sincèrement les offenses qu'il en a reçues, quelles qu'elles puissent être.

9. Il doit aimer ses ennemis, prier pour eux et leur faire du bien.

10. Il doit corriger charitablement son prochain, s'il le voit tomber en quelque faute, sur-tout si son âge, sa condition ou sa charge lui donnent quelque autorité sur lui.

11. Il doit l'édifier par l'exemple d'une bonne vie.

12. Il doit payer ses dettes s'il lui est possible.

---

*Devoirs envers soi-même.*

1. Tout Chrétien doit avoir un très-grand soin du salut éternel de son âme, et ne se pas presque soucier de son corps.

2. Il doit combattre incessamment ses vices et ses mauvaises inclinations.

3. Il doit faire pénitence sans délai, et se châtier lui-même des péchés dont il se sent coupable.

4. Il doit se tenir sur ses gardes et retrancher absolument tout ce qui peut lui être une occasion de pécher.

5. Il doit fuir les délices et les voluptés du corps, comme un poison.

6. Il ne doit rien tant estimer que de travailler et de souffrir pour J. C.

7. Il doit mépriser les honneurs, les biens et les plaisirs du monde, aimer l'humilité, la pauvreté et la croix.

---

*Devoirs des enfans envers leurs Pères et Mères.*

1. Les Enfans doivent honorer leurs Pères et Mères, à tout âge et en tout état.

2. Ils doivent leur obéir en toutes choses où Dieu n'est point offensé.

3. Ils leur doivent amour et res-

pect, dans les châtimens comme dans les caresses.

4. Ils doivent éviter avec grand soin de les attrister ou de les mettre en colère.

5. Ils doivent les assister dans leurs besoins, jusqu'à tout vendre pour cela.

6. Ils doivent après leur mort prier et faire prier Dieu pour le repos de leur âme, et exécuter ponctuellement leurs dernières volontés.

*Prière que l'on doit dire matin et soir.*

ESPRIT-SAINT, venez en nous, et remplissez nos cœurs de votre amour, afin que par votre secours nous fassions notre prière avec la piété, l'attention et le respect que nous devons à notre Dieu, à notre père et à notre juge, à qui nous osons l'adresser; par Jésus-Christ Notre-Seigneur, qui vit et règne dans tous les siècles des siècles. Ainsi soit-il.

FIN.

# OUVRAGES
## A L'USAGE DES ÉCOLES,

A CHALON S. S., CHEZ DEJUSSIEU.

Alphabet latin et Alphabet français, en gros et moyens caractères.
Alphabet ingénieux, par *Moulinier* et *Gobin*.
Alphabet de l'histoire des animaux.
Alphabet des arts et métiers.
Abrégé du Catéchisme historique, par *Fleury*.
Abrégé de l'histoire de France, par *Leragois*.
Abrégé d'histoire Sainte.
Abrégé de la géographie de *Crozat*.
Arithmétique ancienne et décimale.
Arithmétique de *Bezout*, par *Reynaud*.
Arithmétique, par *Bourdon*.
Bible de *Royaumont*.
Catéchisme du diocèse.
Demi-quart de Pseautier. — Demi-Pseautier. — Pseautier complet.
Géographie de *Gauthier*.
Géographie de *Letellier*.
Grammaire française de *Lhomond*.
Grammaire de *Letellier*.
Imitation, avec et sans réflexions, cart. et rel.
Instruction des jeunes gens.
Le petit Charles.
Le petit Secrétaire.
Méthode du Chrétien.
Morale de l'enfance.
Morale en action.
Mentor des enfans.
Mythologie de *Letellier*.
Nouvel Alphabet syllabique.
Paroissien du diocèse d'Autun, franç. et latin.
Paroissien à l'usage de Paris, *id*.
Vocabulaire français.

www.ingramcontent.com/pod-product-compliance
Lightning Source LLC
Chambersburg PA
CBHW060903050426
42453CB00010B/1553